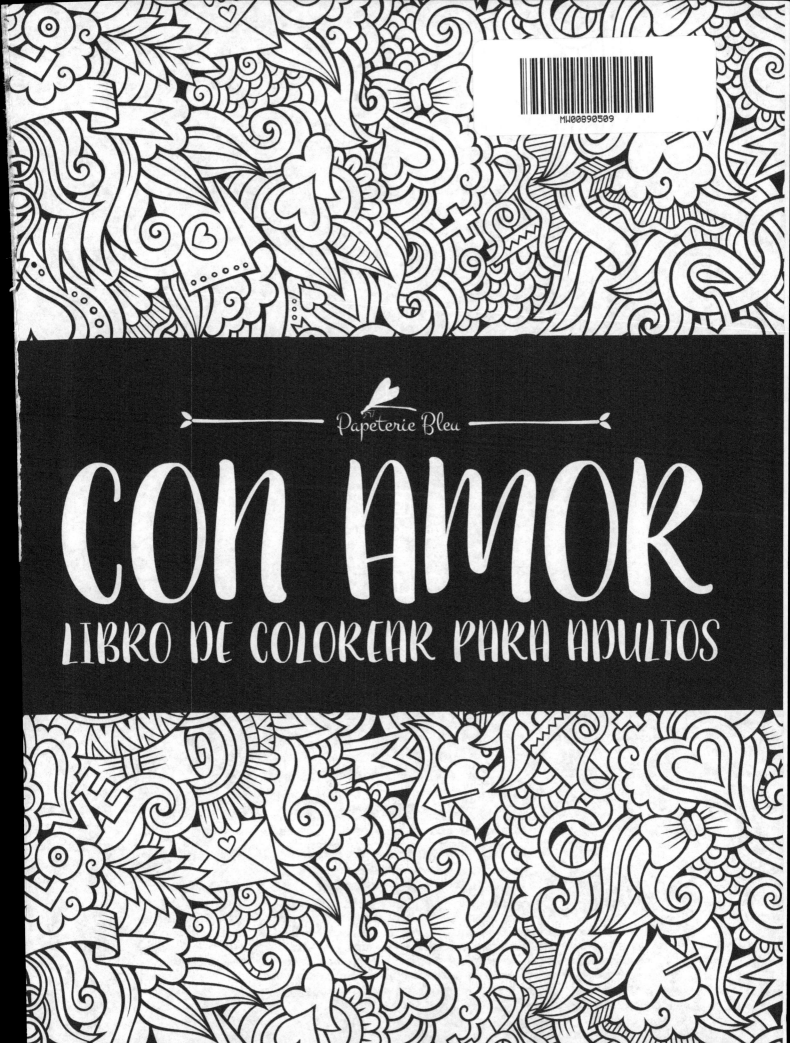

Papeterie Bleu

CON AMOR

LIBRO DE COLOREAR PARA ADULTOS

¿Quieres descargas gratuitas?
Escríbenos un correo electrónico a:
freebies@pbleu.com

@papeteriebleu

Papeterie Bleu

Compra todos nuestros libros en
www.pbleu.com/es

Distribución al por mayor a través de Ingram Content Group
www.ingramcontent.com/publishers/distribution/wholesale

Preguntas y Servicio de atención al cliente, Escríbenos un correo electrónico a
support@pbleu.com

DEJAD QUE CADA HOMBRE
EJERZA EL ARTE QUE DOMINA.

- ARISTÓFANES -

CAMBIA TUS PENSAMIENTOS
Y CAMBIARÁS TU MUNDO.

- NORMAN VINCENT PEALE -

SI LA OPORTUNIDAD
NO LLAMA AL TIMBRE,
CONSTRÚYELE UNA PUERTA.

- MILTON BERLE -

DONDEQUIERA
QUE ESTÉS, PERMANECE
TOTALMENTE PRESENTE.

- JIM ELLIOT -

O DIRIGES EL DÍA
O EL DÍA TE DIRIGIRÁ A TI.

- JOHN ROHN -

LA MEJOR PREPARACIÓN PARA
EL MAÑANA ES DAR LO MEJOR
DE TI HOY.

- H. JACKSON BROWN, JR. -

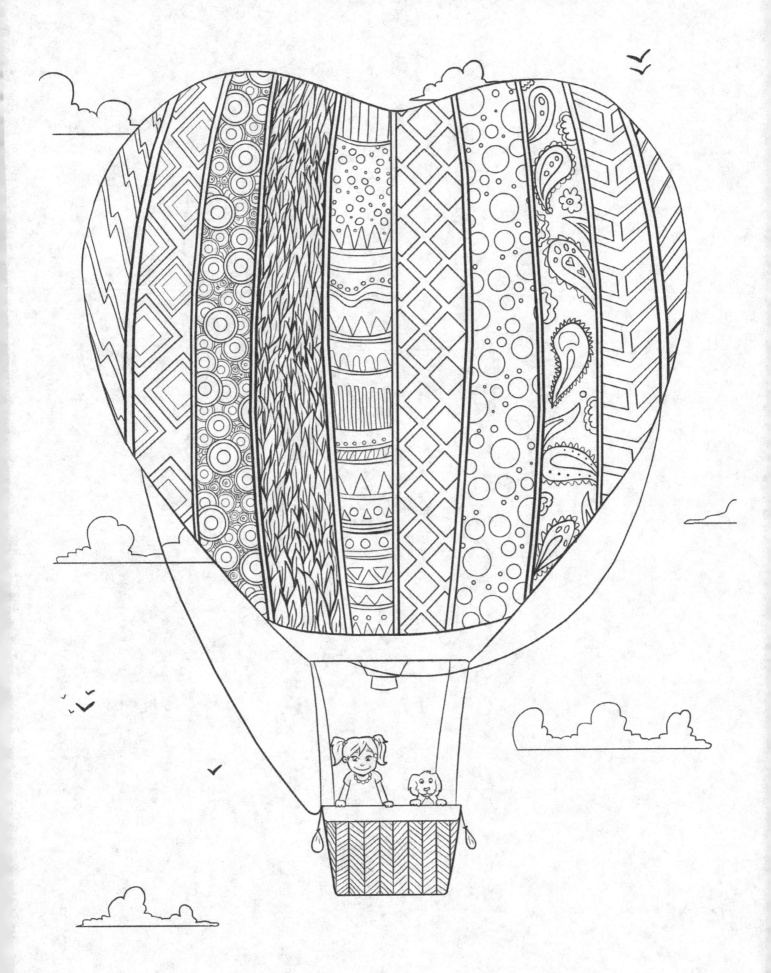

TIRARLE UN HUESO AL PERRO
NO ES CARIDAD. CARIDAD
ES COMPARTIR EL HUESO
CON EL PERRO CUANDO SE ESTÁ
TAN HAMBRIENTO COMO ÉL.

- JACK LONDON -

EL OCHENTA POR CIENTO
DEL ÉXITO CONSISTE
EN ESTAR AHÍ.

- WOODY ALLEN -

CREO EN VIVIR HOY,
NO EN EL AYER,
NI EN EL MAÑANA.

- LORETTA YOUNG -

ES SIEMPRE LO SENCILLO
LO QUE PRODUCE
LO MARAVILLOSO.

- AMELIA BARR -

LA MENTE LO ES TODO.
SOMOS LO QUE PENSAMOS.

- BUDDHA -

NOS ENTUSIASMAN
LAS NOTICIAS DE NUESTROS
HÉROES Y OLVIDAMOS QUE
NOSOTROS TAMBIÉN SOMOS
EXTRAORDINARIOS PARA
ALGUIEN MÁS.

- HELEN HAYES -

CUANDO EL SOL BRILLA, SOY CAPAZ
DE TODO: NO HAY MONTAÑA
DEMASIADO ALTA NI OBSTÁCULO
DEMASIADO DIFÍCIL DE SUPERAR.

- WILMA RUDOLPH -

CUANTO MÁS CELEBRES TU VIDA,
MÁS HABRÁ EN ELLA QUE CELEBRAR

- OPRAH WINFREY -

LA BONDAD
ES LA MÁS NOBLE
ARMA DEL
CONQUISTADOR

- THOMAS FULLER -

SI CREES EN TI MISMO, TIENES
DEDICACIÓN Y ORGULLO Y NUNCA
TE RINDES, SERÁS UN GANADOR.
EL PRECIO DE LA VICTORIA ES MUY
ALTO, PERO TAMBIÉN LO SON
LAS RECOMPENSAS.

- PAUL BRYANT -

LAS LÁGRIMAS
DE FELICIDAD SON COMO
GOTAS DE UNA LLUVIA
DE VERANO ATRAVESADAS
POR LOS RAYOS DEL SOL.

- HOSEA BALLOU -

RELATIVIZA,
RELATIVIZA.

- HENRY DAVID THOREAU -

ALGUIEN SE SIENTA
HOY A LA SOMBRA DE UN ÁRBOL
QUE PLANTÓ HACE MUCHO
TIEMPO.

- WARREN BUFFETT -

UN HOY VALE
POR DOS MAÑANAS.

- BENJAMIN FRANKLIN -

TENEMOS EN NUESTRAS MANOS
LA POSIBILIDAD DE EMPEZAR
UN NUEVO MUNDO.

- THOMAS PAINE -

LO QUE NECESITAMOS
ES MÁS GENTE QUE SE ESPECIALICE
EN LO IMPOSIBLE.

- THEODORE ROETHKE -

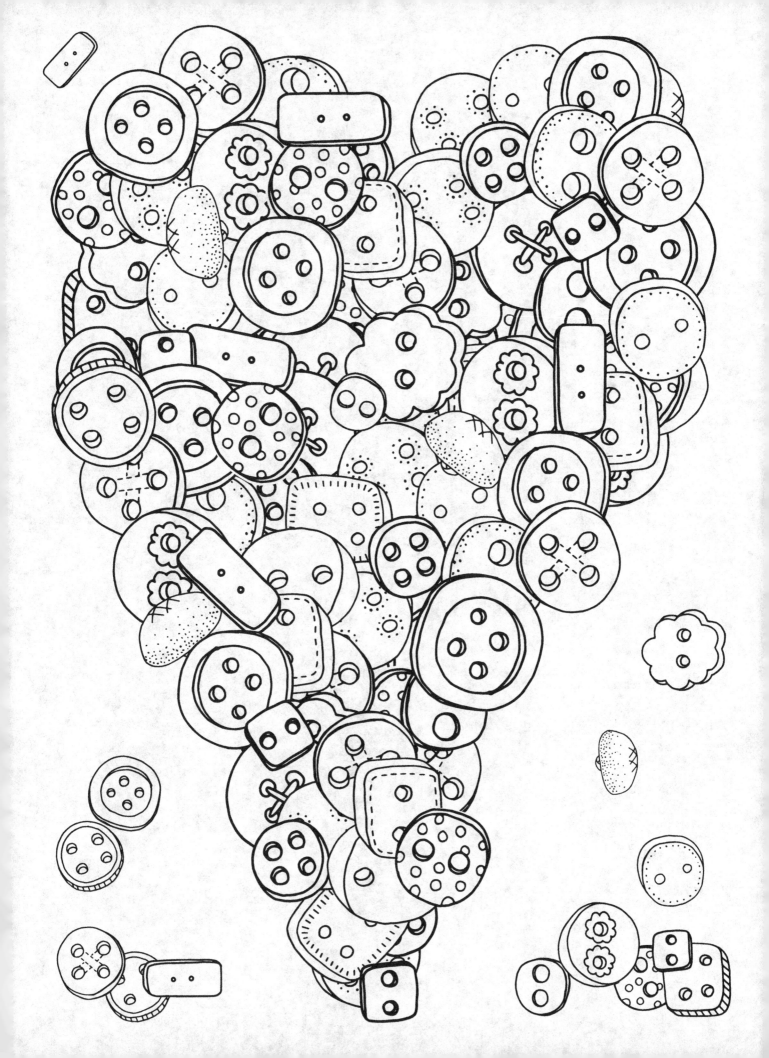

LA MEDIDA DE LO QUE SOMOS
ES LO QUE HACEMOS CON
LO QUE TENEMOS.

- VINCE LOMBARDI -

RECUERDA QUE, A VECES,
NO CONSEGUIR LO QUE QUIERES
ES UN MARAVILLOSO GOLPE
DE SUERTE.

- DALAI LAMA -

UNA MUJER DEBE
SER DOS COSAS: ELEGANTE
Y FABULOSA.

- COCO CHANEL -

SI ERES FELIZ TAMBIÉN
HARÁS FELICES A LOS DEMÁS.

- ANNE FRANK -

MIRA DENTRO DE TI.
DENTRO ESTÁ LA FUENTE
DEL BIEN Y VOLVERÁ A BROTAR
SI SIGUES CAVANDO.

- MARCO AURELIO -

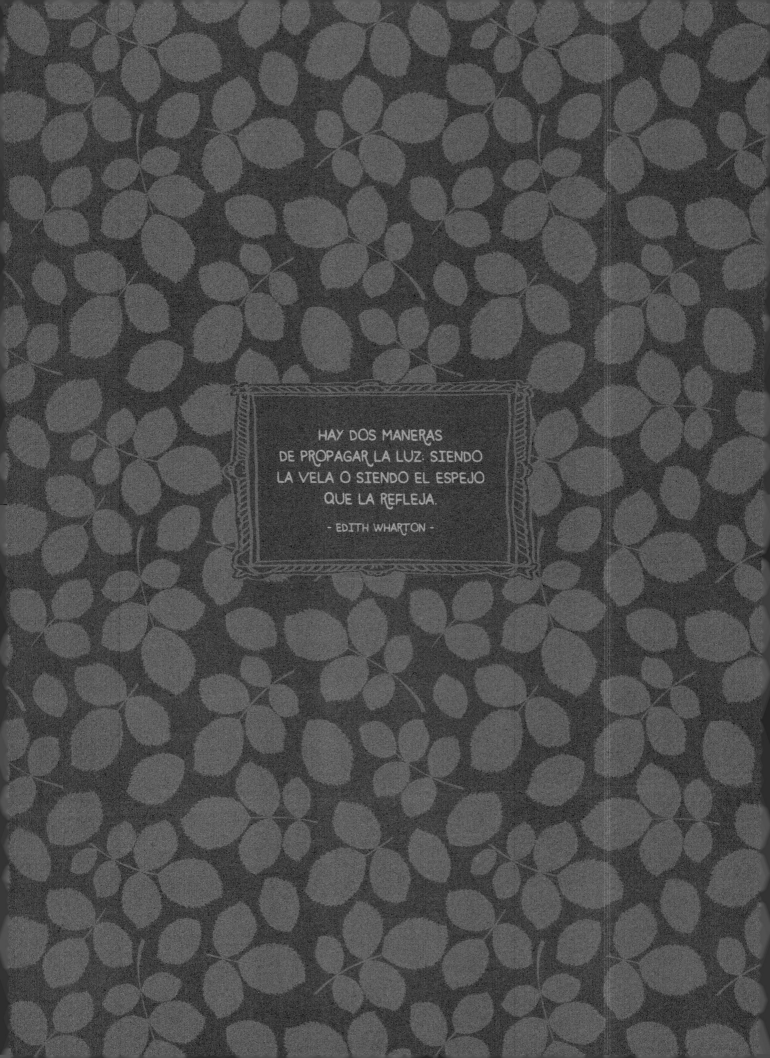

HAY DOS MANERAS
DE PROPAGAR LA LUZ: SIENDO
LA VELA O SIENDO EL ESPEJO
QUE LA REFLEJA.

- EDITH WHARTON -

SI PUEDES SOÑARLO,
PUEDES HACERLO.

- ZIG ZIGLAR -

ACEPTA LOS RETOS
Y PODRÁS SENTIR LA EMOCIÓN
DE LA VICTORIA.

- GEORGE S. PATTON -

SI CREES QUE PUEDES,
YA HAS RECORRIDO LA MITAD
DEL CAMINO.

- THEODORE ROOSEVELT -

MI MENTE
ES MI REINO.

- FRANCIS QUARLES -

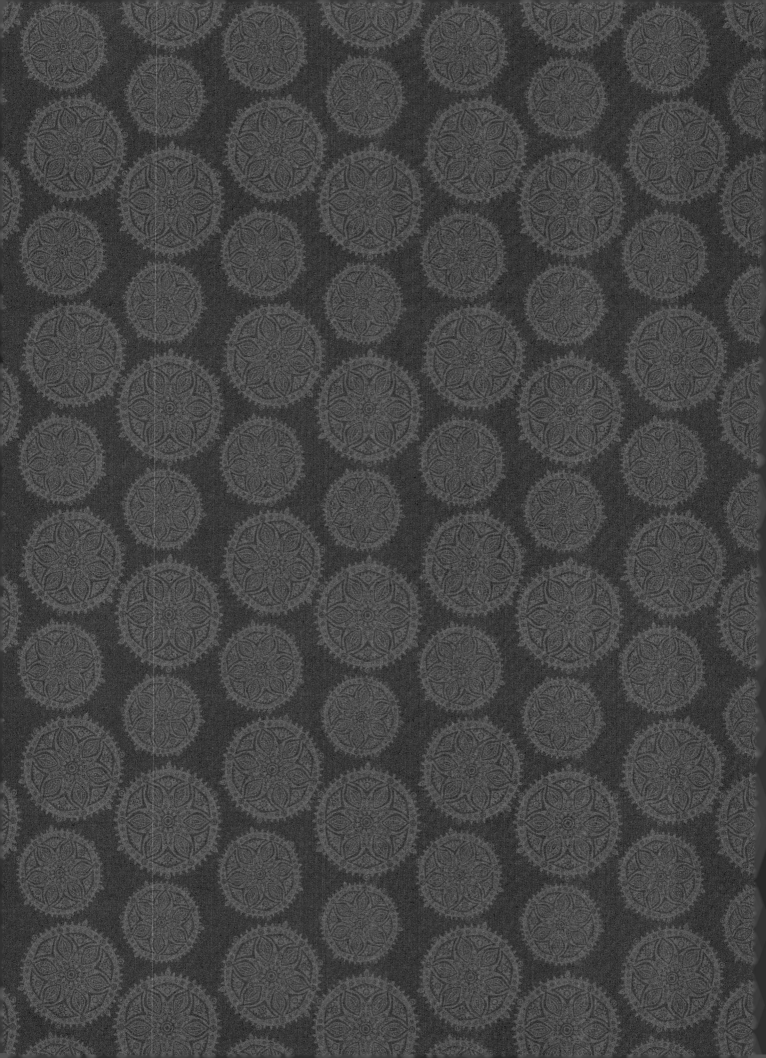

¿Quieres descargas gratuitas?
Escríbenos un correo electrónico a: freebies@pbleu.com

@papeteriebleu

Papeterie Bleu

Compra todos nuestros libros en
www.pbleu.com/es

Distribución al por mayor a través de Ingram Content Group
www.ingramcontent.com/publishers/distribution/wholesale

Preguntas y Servicio de atención al cliente, Escríbenos un correo electrónico a
support@pbleu.com

Made in the USA
Monee, IL
11 November 2024

69885358R00039